CLEF

DE LA

THÉORIE DU LANGAGE

QUI DONNE NAISSANCE A LA

LANGUE UNIVERSELLE

PAR

C.-L.-A. LETELLIER

Chevalier de la Légion-d'Honneur, ex-Régent de rhétorique à Lisieux,

ex-Inspecteur des écoles du Calvados,

auteur du COURS COMPLET DE LANGUE UNIVERSELLE et des APPLICATIONS de cette théorie

aux Sciences et aux Lettres.

A PARIS,

Chez BENJAMIN DUPRAT,

Libraire de l'Institut, de la Bibliothèque
Impériale, des Sociétés asiatiques de Paris,
de Londres et de Calcutta;

7, RUE DU CLOITRE-SAINT-BENOIT;

et chez LEMOINE, libraire,

26, PLACE VENDÔME.

A CAEN,

Chez CHESNEL, libraire,

16, PONT SAINT-PIERRE;

Chez LE GOST-CLÉRISSE, libraire,

RUE ÉCUYÈRE, 36;

Et chez tous les autres Libraires
du Calvados.

1856

CLEF

DE LA

THÉORIE DU LANGAGE

QUI DONNE NAISSANCE A LA

LANGUE UNIVERSELLE,

PAR

C.-L.-A. LETELLIER,

Auteur du Cours complet de LANGUE UNIVERSELLE et des applications
de cette théorie aux SCIENCES et aux LETTRES.

CAEN,

IMPRIMERIE B. DE LAPORTE,

Rue Saint-Étienne, 120.

—

1856

CLEF

DE LA

THÉORIE DU LANGAGE

QUI DONNE NAISSANCE

A LA LANGUE UNIVERSELLE.

On ne lit guère à notre époque les écrits de longue haleine ;
on lit encore moins ceux qui joignent à l'austérité du sujet le dé-
veloppement patient et continu des déductions. Le lecteur est aujourd'hui enivré de parfums, bercé sur un lit de fleurs dont les
couches amollies lui font vivement sentir la feuille de rose pliée
sous lui, ou, s'il dédaigne ces douceurs énervantes, il poursuit
pour son compte, entre les heures fugitives des convenances so-
ciales, quelque travail attachant dont il ne consent pas à détourner
les yeux.

Offrir quatre forts volumes in-8° au public, sur une matière grave
et hérissée de questions épineuses, c'est donc s'exposer à n'être
pas lu ; en vain la thèse soulevée fera-t-elle entrevoir un des
rayons de cet avenir dont chacun voudrait hâter l'avènement ; dût
l'auteur puiser à la source des vérités les plus pures et les verser
à pleines mains, il ne se lavera pas du crime d'avoir produit une
œuvre qu'on qualifiera de colossale, pour avoir le droit de n'en pas
mesurer les proportions. Pourquoi n'a-t-il pas réduit à quelques
pages cette série de raisonnements, de conventions et d'applications?

Sans doute l'art du maître d'escrime consiste à donner et à ne pas recevoir; sans doute l'œuvre de la machine à vapeur réside surtout dans le piston qui se meut dans un cylindre; sans doute la télégraphie électrique est due à la transmission rapide du fluide le long du fil de fer; mais aussitôt qu'il faudra vivifier ces données générales, aussitôt l'intelligence devra faire emploi de toutes les ressources de la pratique et de la théorie.

Quelques pages ont suffi pour donner un aperçu de la THÉORIE DU LANGAGE qui donne naissance à la LANGUE UNIVERSELLE (voir l'*Introduction* dans le premier volume du *Cours complet*, et le *Résumé du système* dans le volume des *Applications aux Sciences*); mais comme l'esprit humain, sur la plus simple donnée, se hâte d'enfanter tout un système, et, comme il se perd dans cette conception improvisée, alors il conclut à l'IMPOSSIBILITÉ; il déplore peut-être une érudition dépensée en quête d'une véritable CHIMÈRE.

Cependant, il faut bien en convenir, les lecteurs les plus courageux, mal préparés jusqu'ici pour des idées aussi nouvelles, se sont arrêtés à la superficie, et, comme elle a réfléchi leur image, ils sont restés imbus des mêmes préjugés qu'avant leur premier coup d'œil. Il semble donc indispensable d'aider les hommes vraiment désireux de scruter ce travail à percer l'épiderme de ce prétendu colosse.

D'ailleurs, des réflexions si singulières, si peu concordantes, si contraires à l'esprit de ce système, ont surgi çà et là du premier accueil qu'on lui a fait, qu'il devient nécessaire de produire quelques explications sous la forme substantielle du résumé.

Des préjugés qui accueillent tout système sur la Langue universelle.

De ces préjugés quelques-uns sont des plus respectables et s'imposent même avec toute l'autorité de la logique à quiconque veut traiter la grande question de la Langue universelle.

Tels sont ceux-ci :

1° *Les peuples ne consentiront jamais à abandonner la langue qu'ils parlent pour en adopter une autre ;*

2° *Il est impossible de rendre universelle une langue créée par une initiative individuelle ;*

3° *Une langue fondée sur des considérations* PUREMENT *philosophiques ne passera jamais dans les habitudes des peuples, et, par conséquent, ne pourra jamais devenir universelle.*

En effet, ces préjugés ou idées préconçues sont des aperçus de l'expérience et peuvent s'appuyer sur les raisonnements les plus simples comme les plus concluants.

1° Et quoi, il serait donné à une langue de détrôner tous les idiomes que le temps a consacrés par des épreuves ineffaçables dans le grand livre de la vie des nations ? Les littératures variées, empreintes de ce cachet de diversité qui est pour l'intelligence une source de jouissances si pures, seraient supprimées en faveur d'une triste uniformité ! Les joies, les plaisirs, les triomphes, les épreuves cruelles même, qui chez un peuple ont pris corps dans sa langue, seraient remplacées par des formes sans charmes, parce qu'elles sont sans passé ! Non, les nations n'accepteront, et, à plus forte raison, ne proposeront jamais l'anéantissement de la vie écoulée, en faveur d'une vie future; elles n'entreront pas dans le royaume des élus par le chemin du suicide.

2° De quel droit un individu, s'honorant lui-même d'une mission surnaturelle, viendrait-il pompeusement proclamer son ascendant et dire à la société humaine : Tu accepteras les conventions que j'ai conçues pour toi? ce que j'ai imaginé dans le silence de mon cabinet, j'en ferai ta livrée : dépouille-toi de tes vêtements, devenus haillons, et revêts les insignes que ma volonté daigne t'assigner ! Une pareille insolence trouve à peine son excuse dans l'aveuglement que le travail solitaire, la foi et les intentions les plus droites engendrent trop souvent. Non, les nations n'accepteront pas les conventions du langage posées par un membre isolé; elles se serviront de ses travaux comme de tous les matériaux dont elles peuvent s'éclairer, et arrêteront elles-mêmes les formules du langage commun. L'individu découvre et publie les lois qui régissent tel ou tel ordre de phénomènes; mais quand le but est devenu apparent, la société marche toute entière dans le sillon qu'elle seule a le droit de tracer.

3° Les considérations qu'on est convenu d'appeler *philosophiques* et que, par une distinction qui paraît nécessaire, on nommerait plutôt *purement philosophiques*, peuvent bien satisfaire certains esprits à un moment donné ; elles sont le dernier mot de quelques intelligences, l'ultimatum d'un petit nombre d'adhérents ; mais elles ne satisfont pas tous les esprits, et, avec la prétention de fixer irrévocablement des points essentiellement variables, elles tendent à entraver la marche progressive des notions pratiques.

C'est faire aux *préjugés* ou à ces opinions vagues instinctivement préconçues une part assez belle que de leur concéder sans restriction les trois points qui précèdent. Mais qu'il soit permis d'éloigner ces assertions irréfléchies, sur lesquelles on bâtit une opposition en dehors de tout raisonnement vraiment discutable. Voici quelques-unes de ces phrases :

« L'établissement d'une Langue universelle est impossible parce
« que c'est tout *simplement* une chimère.

« Oh ! sans doute, ce serait admirable que les hommes pussent
« communiquer entre eux avec un même langage; mais pourquoi
« tenter une pareille entreprise, puisqu'elle est impossible ?

« Les hommes ne peuvent pas s'entendre sur des points bien
« moins importants, comment pourraient-ils s'entendre sur une
« question si grave, si difficile ?

« La parole tient à quelque chose de local chez tous les peuples :
« elle doit varier suivant les habitudes, les mœurs, la constitution
« physique des individus, etc.; c'est une musique qui s'approprie à
« tel ou tel organe, etc.

« La parole émane directement de Dieu ; il n'appartient pas à
« l'homme de la créer... Elle doit d'ailleurs, suivant la volonté di-
« vine, rester dans l'état de division où elle a été laissée après la
« tour de Babel, etc., etc. »

Sans doute, c'est chose difficile que d'amener tous les peuples à se lier par les mêmes conventions ; mais le mot difficulté repousse celui d'impossibilité. Les avantages sont assez grands pour que les novateurs se mettent à l'œuvre, malgré les périls de l'entreprise ; la tâche est précisément de rendre facile le système de langage destiné à rapprocher l'humanité de cette grande unité, vers laquelle elle tend de plus en plus.

Sans doute, les hommes ont de la peine à s'entendre sur des vérités douteuses, sur des applications de quelque théorie ; mais donnez naissance à la puissance motrice de la vapeur, faites courir la parole sur une ligne de fer ; en un mot, présentez des bienfaits incontestables, et bientôt ils s'avanceront tous avec empressement vers le perfectionnement que vous leur apporterez.

Sans doute, la parole se colore des teintes locales, des habitudes, des mœurs que les habitants contractent dans chaque contrée ; sans doute, chaque idiome a une harmonie particulière qui semble le fruit du sol ; mais cette harmonie se modifie sans peine, ces couleurs sont remplacées par d'autres dans l'espace de quelques siècles, parce que le langage c'est la convention, et que celle-ci n'a d'autre loi à subir que celle de l'organisme même de la parole.

Sans doute enfin, la parole émane de Dieu, mais c'est parce que l'homme émane lui-même de son créateur ; tous les jours il donne naissance à des termes nouveaux sans commettre la moindre impiété. Quant à la punition infligée aux constructeurs de la tour de Babel, rien n'empêche qu'elle soit maintenue, puisque les langues propres à chaque peuple doivent se conserver intactes, dans l'hypothèse même d'une Langue universelle.

De la théorie du langage ; des vérités qu'il s'agissait de découvrir et du problème qu'il s'agit de résoudre.

Chacun des mots dont une langue est composée offre à l'esprit une collection d'idées ; penser ou communiquer aux autres sa pensée à l'aide de la parole, c'est donc prendre à son service un nombre considérable d'idées collectives pour descendre ou pour remonter dans la série des faits soumis à l'investigation de l'esprit humain.

De même que l'objet matériel peut être envisagé sous ses diverses faces et présenter chaque fois un ensemble très-différent, de même le mot peut réveiller dans l'esprit des idées différentes suivant l'aspect sous lequel il se révèle à telle ou telle intelligence.

Malgré la perplexité dans laquelle il devait tomber par suite de l'élasticité des mots, l'homme, tant est impérieux le besoin de communiquer avec ses semblables, s'est jeté à la hâte dans la pratique du langage. Il a exploité d'une manière prodigieuse les richesses infinies qu'il tire de cette mine inépuisable. Mais, depuis longtemps déjà, l'absence de théorie se fait sentir dans la langue de la science et dans celle même de la littérature.

Une théorie est la mise en ordre artificielle et méthodique des faits de la pratique.

Les philologues apprennent quelques langues dont ils comparent quelques éléments ; les grammairiens se préoccupent des principes qu'un idiome spécial semble emprunter à la pratique.

Or, le but du langage étant de donner à la parole un rôle de convention qui *détermine*, autant que possible, l'idée qui est dans l'esprit, la théorie du langage sera la méthode qui extraira de la pratique les procédés *les plus* sûrs pour communiquer d'autrui à autrui les émanations de l'esprit.

Ainsi définie, *la théorie du langage* en est à ses débuts.

Mais le langage théorique suppose l'existence du *mot théorique* ; c'est donc la recherche de ce mot qui constitue d'abord le véritable travail du théoricien.

La recherche du *mot théorique*, fruit de la convention qui figure le plus sûrement possible l'idée dont il est la représentation, conduit à la connaissance d'une vérité non aperçue jusqu'ici.

A savoir, que *chacun des efforts de l'organe de la parole, quand il fait entendre un mot, doit contribuer à exposer l'idée attribuée à ce mot.*

Comment concevoir, en effet, que des mots choisis pour signifier une idée commandent à la voix une série de mouvements qui n'intéressent en rien la signification de cette idée? Comment concevoir que des conventions produisent une idée collective, dont aucune partie ne se trouve rappelée dans la réunion stérile de plusieurs émissions de la voix? Comment enfin se servir convenablement, pour la représentation d'une idée, d'un mot dont l'analyse ne reproduit aucune analyse de l'idée? La pratique peut se satisfaire de ces formes vagues et indéterminées ; mais la théorie, qui veut rendre compte de la marche qu'elle imprime à la succession rationnelle des faits, doit se montrer plus exigeante.

Aussi les langues originelles , avant de s'égarer dans les dédales de la pratique , ont-elles longtemps combattu pour se procurer la composition théorique des mots ; aussi la langue grecque et la langue allemande ont-elles conservé du sanscrit, leur père commun, ce moyen terme des mots composés qui introduit, même dans la langue pratique, des expressions quasi-analytiques.

La conséquence la plus immédiate de cette vérité est celle-ci :

Les lettres ou caractères dont se compose le MOT THÉORIQUE *doivent représenter quelque analyse de l'idée qu'il prétend communiquer.*

Aussitôt se présente un grand problème philologique qu'il est permis de formuler ainsi :

OFFRIR UN SYSTÈME DE MOTS THÉORIQUES DANS LEQUEL SOIENT COMPRISES TOUTES LES IDÉES EXPRIMÉES PAR LES SYSTÈMES PRATIQUES DU LANGAGE CONNUS JUSQU'ICI.

L'homme inexpérimenté, le savant même, s'il n'a pas encore élevé les yeux vers la théorie du langage , peuvent croire ce problème *insoluble;* mais, s'ils en examinent les véritables données, ils ne tarderont pas à les embrasser dans leur étendue, qui n'est pas aussi vaste qu'elle apparaît au premier coup d'œil.

D'abord, il n'est nul besoin de demander à la pensée humaine le mot de ses impénétrables énigmes. Le langage théorique n'attente à rien de ce qui existe : les jeux élégants de l'imagination ou les magnifiques conceptions de l'intelligence, les chefs-d'œuvre de la littérature ou les grands principes de la philosophie sont également désintéressés dans cette question philologique. Que ces échaffaudages divers soient soutenus par les termes pratiques ou par les expressions théoriques, ils continuent de subsister avec leurs charmes ou leur imposante majesté. L'avenir, il est vrai, se présente avec toutes les espérances de progrès plus prompts et plus assurés ; mais le présent et le passé n'ont d'autres modifications à attendre que la publicité indéfinie dont leurs œuvres seront dotées.

Maintenant croirait-on que toutes les idées exprimées par les mots renfermés dans les vocabulaires de tous les peuples soient incommensurables ? Certes, s'il fallait faire une analyse de chacun des arbres dont se compose une grande forêt, et y ajouter les rejetons qui s'élèvent de leur souche, on pourrait reculer devant cette tâche formidable ; mais s'il suffit d'indiquer les espèces et de noter quelques généralités, soit sur les terrains où ils croissent le mieux, soit sur les formes qu'ils affectent dans des circonstances particulières, soit sur les qualités qui distinguent certaines espèces, soit, etc., on se mettra aisément à l'œuvre parce que les immenses détails dont l'esprit serait effrayé ne seront plus que secondaires, et seront étudiés facilement quand les analyses plus larges et plus compréhensives en laisseront le loisir.

De même que l'étudiant forestier se livre à l'analyse de la forêt séculaire sans s'imposer la tâche d'en élever une plus régulière de ses propres mains, de même le théoricien n'est pas entraîné par l'analyse du langage à créer une langue pratique.

Jusqu'à ce qu'un procédé plus fructueux fasse communiquer à autrui l'idée exprimée par le mot, d'une manière plus sûre, la théorie du langage ne crée rien : elle manifeste les idées créées et se borne à transformer le mot pratique dans un mot dont l'analyse produit une analyse de l'idée.

La théorie du langage ou le système des mots théoriques, n'est donc autre chose que l'inventaire des idées singulières offertes à une époque déterminée par les mots de toutes les langues.

Tout inventaire figure une classification ; c'est ainsi que la classification des idées *individuelles exprimées par les mots* reçus chez tous les peuples devient le point de départ de la théorie du langage.

Or, une classification qui est avant tout un inventaire est nécessairement artificielle ; elle est basée sur les besoins définis qui lui donnent naissance, autant que sur le nombre et sur la nature des objets inventoriés.

Aussi, après avoir reconnu que tous les peuples devaient *conserver* leurs mots pratiques, et conséquemment leurs *langues* (n° 1 ci-dessus) ; après avoir constaté que la théorie du langage ne *créait* pas un idiome nouveau (n° 2 ci-dessus), nous arrivons encore à sanctionner ce préjugé (n° 3 ci-dessus), que les considérations *purement* philosophiques ne doivent pas servir de base à une pareille classification.

Un pas de plus ou un nouvel axiome :

La classification donnera naissance à la NOMENCLATURE des mots théoriques *lorsque les classes, ordres, genres, etc., étant figurés par une lettre, voyelle ou consonne, ces caractères réunis pour analyser une même idée formeront un mot aussi facile à prononcer qu'à écrire.*

Ramené à ces deux termes : CLASSIFICATION ARTIFICIELLE et CHOIX DES CARACTÈRES PROPRES A NOMENCLATURER LES ANALYSES DE LA CLASSIFICATION, le problème de la théorie du langage tombe dans le ressort des études d'une réalisation incontestable.

Conséquences de la théorie du langage et de la solution des problèmes qu'elle soulève.

Quoique la solution des problèmes soulevés par la théorie du langage soit facile à prévoir, il faut convenir qu'elle nécessitera, de la part des intelligences exercées qui la chercheront, des labeurs multipliés et une grande dépense de ces procédés dus à l'esprit inventif et persévérant. Avant donc d'accepter une charge aussi lourde, il importe de s'assurer si cette solution portera des fruits suffisamment précieux.

Les juges qui examineraient de semblables travaux, ne mettraient eux-mêmes de l'intérêt dans leur examen que s'ils étaient convaincus des bénéfices sociaux qui devraient en être la conséquence.

Ainsi, et pour l'inventeur et pour son juge, il importe, avant de pénétrer dans la théorie du langage, d'acquérir la conviction que cette théorie conduit à des progrès considérables.

Ce serait sans doute une grande et belle perspective que celle de la LANGUE UNIVERSELLE ; mais cette question est entourée de tant de difficultés préjudicielles ; l'avenir qui lui est réservé paraît encore si éloigné, qu'on craint d'aborder immédiatement des considérations dont le temps seul semble devoir disposer. Si donc la théorie du langage n'enfante que la Langue universelle, qu'on la sème, et les siècles la faisant germer, elle portera ses fruits pour des générations dont l'âge présent n'a guère de souci.

Tel n'est pas l'effet produit par la *théorie du langage.*

Elle dénoue, dès son apparition, un nombre considérable de difficultés qui arrêtent aujourd'hui la marche des sciences et des lettres ; elle agrandit la sphère de l'esprit humain ; elle le met en possession des matériaux nombreux que l'étude ne pouvait aborder sans le secours d'une mémoire trop privilégiée aux dépens de l'intelligence.

Comment tous les peuples n'embrasseraient-ils pas avec ardeur une théorie

Qui se moulerait d'abord sur la langue qu'ils parlent ;

Qui développerait, agrandirait, éclaircirait leur langue respective, et donnerait à leurs idées une précision que les mots pratiques ne savaient exprimer ;

Qui leur permettrait de traduire l'œuvre la plus délicate avec toutes les idées successivement exprimées dans le langage de son auteur ;

Qui les ferait jouir, dans l'espace de deux ou trois années, de la connaissance de toutes les littératures ;

Qui leur faciliterait l'étude de toute langue morte ou vivante, en la réduisant de plus de moitié ;

Qui mettrait fin, pour eux, à toutes les divagations de l'instruction publique ou privée, en offrant la véritable voie qui conduit au véritable but ;

Qui, en universalisant la nomenclature arithmétique, vulgariserait prodigieusement le cercle des calculs de mémoire, si importants dans la pratique et surtout dans les transactions commerciales ;

Qui initierait tout naturellement leur jeunesse aux sciences réservées aujourd'hui à l'âge mûr : à la zoologie, à la botanique, aux sciences médicales, etc.;

Qui ferait avancer plus rapidement toutes ces sciences dans la voie du progrès ;

Qui, par la nomenclature géographique, les mettrait résolument en possession de ce globe dont il ne sera bientôt plus permis d'ignorer les détails les moins significatifs ;

Qui leur montrerait la résolution immédiate des problèmes administratifs, dont ils ne connaissaient même pas l'énoncé ?

Une seule de ces conséquences, bien constatée, déterminerait évidemment un mouvement vers une *théorie du langage* qui devrait en même temps enfanter la *Langue universelle.* Or, quand un même principe est la source de conséquences aussi importantes dans la vie des sociétés ; quand il est si facile de vérifier l'exactitude de toutes ces déductions, quel est le peuple, si engourdi qu'il soit, qui s'obstinât à refuser à la pratique du langage l'appui de la théorie?

Eh bien! toutes ces conséquences découlent et doivent découler de la *théorie du langage.* Quiconque, armé d'une vue assez perçante, remonte quelques instants à cette source féconde, reconnaît que *la transformation du mot pratique dans son équivalent théorique* renferme tous les germes des progrès annoncés (1).

(1) Pour ceux qui ne verraient pas comment cette transformation donne naissance à la Langue universelle, nous entrerons dans une explication sommaire.

Le *mot théorique,* ou l'expression pratique transformée d'après les principes indiqués ci-dessus, peut remplacer chacun des mots usités dans quelque langue que ce soit. La définition d'un terme résulte des sons, des articulations, dont les conventions règlent la signification : car chaque lettre fait apparaître une portion de l'idée dont la dernière lettre termine le sens.

Tous les peuples s'appropriant l'expression théorique de chacun des mots dont ils font emploi dans leur langue, auront ainsi deux manières de s'exprimer : 1° à l'aide des sons et des articulations combinés comme ils le sont aujourd'hui, pour former la langue pratique, c'est-à-dire à l'aide de la langue qu'ils parlent ;

Comment on peut juger un système proposé pour servir de Langue universelle.

D'après ce qui précède, après un examen sommaire, on peut écarter et éconduire tout système qui supposera :

Ou la suppression de toutes les langues pratiques,

Ou la création d'une langue nécessairement imposée par une initiative individuelle,

Ou l'établissement d'une langue *purement* philosophique.

Quand le système proposé remonte véritablement à la théorie du langage et s'adresse aux analyses rationnelles des idées, il faudra vérifier d'abord, par une opposition bien naturelle :

S'il entraîne les langues pratiques dans leurs véritables progrès ;

S'il permet aux peuples d'y introduire leur initiative ;

S'il apporte dans les éléments du langage un ordre aussi facile à reconnaître qu'à surveiller.

Mais la condition ESSENTIELLE pour que ce système mérite l'atten-

---

2° à l'aide des mêmes sons et des mêmes articulations combinés, pour former les mots théoriques, c'est-à-dire les définitions des idées contenues dans chacun de leurs termes pratiques.

Une phrase *allemande*, *française*, *grecque*, etc., restera conçue exactement dans la théorie comme elle l'est dans la pratique : les mots se suivront dans le même ordre ; aucun d'eux ne sera supprimé ; leur sens précis sera maintenu sans aucune altération ; la phrase représentera donc non-seulement l'idée générale qu'elle contient, mais toutes les idées de rapport qui sont renfermées dans chaque expression sans la moindre déviation. Les sons et les articulations auront seuls varié au profit d'une exposition théorique.

Que des Français, des Anglais, des Allemands, des Espagnols, etc., ne connaissent chacun que leur langue, mais ramenée à la théorie, aussitôt chacun, en suivant cette théorie, s'exprimant dans l'idiome qui lui est propre, par la seule vertu *des conventions universellement adoptées*, portera la lumière dans l'esprit de ceux qui sont étrangers au dialecte de l'orateur. En effet, les pensées, qui sont d'ailleurs communes à tous les hommes, seront cette fois présentées sous les mêmes symboles, c'est-à-dire avec les mêmes sons et les mêmes articulations.

tion d'un juge éclairé, c'est qu'il ne soit pas simplement à l'état de
projet ; car, avant tout, il faut voir comment l'œuvre se couronne
et quels sont ses produits. Si l'auteur n'a rien fait de complet, le
lecteur devient lui-même créateur ; il ne juge plus, il devine ou
suppose des conséquences plus ou moins vraisemblables ; enfin, ses
arguments, comme ceux de l'auteur, ne reposent pas sur des fondements solides.

Quand le système, au contraire, sera complètement élaboré, tout
fournira matière à la discussion ; il s'offrira comme ces rapports
sagement écrits et laborieusement étudiés qu'on met sous les yeux
d'une commission ; il pourra être alors adopté ou rejeté dans son
entier ou dans ses parties. L'examen en sera nécessairement fructueux : car, s'il est adopté, il réalise un immense progrès ; s'il est
trouvé défectueux, il a provoqué de la part des juges des efforts de raison qui poussent rapidement les fruits encore verts à leur maturité.

Le créateur d'une théorie qui réaliserait ces conditions, n'aura
encore droit à une attention sérieuse de ses juges qu'après avoir
subi d'autres épreuves.

Puisque, avant d'enfanter la Langue universelle, la théorie du
langage se présente avec le cortége des progrès signalés plus haut,
il convient de confronter le système proposé avec ces conséquences
et avec toutes celles qui découleraient encore des principes de la
théorie.

S'il remplit ces conditions, il mérite l'examen consciencieux de
ses juges : car le repousser sans étude, ce serait reculer le moment
où la société recueillera tous les avantages de la théorie du langage.

S'il ne les remplit pas, il ne puise pas sa sève à la souche théorique du langage, ou il est le produit de quelque branche parasite
dont on ne peut tirer aucun suc. Comment serait-il né viable, lors-
qu'il n'accomplit pas la première loi de sa vitalité : le progrès dans
le langage ? C'est ce besoin de progrès, devenu un aiguillon puis-
sant à notre époque, qu'il faut d'abord satisfaire. Sans cette satis-
faction, les réclames les plus éblouissantes, les espérances les plus
pompeuses, ne stimuleront pas l'opinion publique et s'éteindront

sans que leurs auteurs aient le droit de se plaindre, le jour même de leur naissance.

Le lecteur jaloux de porter un jugement sur un système de Langue universelle, doit donc se maintenir dans cette voie ; quand il acquiert la conviction que tous les progrès imputables à une vraie théorie du langage découlent sans peine des principes qu'il a sous les yeux, il peut hardiment conclure qu'ils sont dignes de toute son attention.

Il existe d'ailleurs un procédé infaillible, qui n'exige ni de longues études, ni des connaissances très-variées dans les langues, pour reconnaître ces progrès dans l'application des principes.

Il consiste *à laisser de côté toute considération de Langue universelle et à demander à ces principes nouveaux ce qu'ils importent d'utile au milieu des éléments de la langue que l'on parle.*

La *théorie du langage,* en effet, ne crée pas nécessairement une Langue universelle ; puisqu'elle est simplement une lumière théorique répandue sur des faits tout pratiques, elle doit être acceptée avec bonheur par quiconque est esclave de mécanismes encore soustraits à un régime rationnel. Chaque peuple peut et *doit* tourner ses regards vers ce nouvel hôte aussitôt qu'il apparaît, et l'interroger sur les mystères dont il a le secret. Qu'importe que tu dises à l'oreille de mon voisin des mots étranges et inintelligibles pour moi ! Comme lui je pratique le langage ; j'ai droit comme lui aux avantages que tu proclames !

Que si chaque peuple trouve son compte dans la *transformation du mot pratique* sous l'extérieur, quel qu'il soit, d'un *mot théorique ;* que si cette transformation, loin d'oblitérer le mot pratique, lui donne un nouveau relief, une nouvelle sanction ; que si chaque langue peut se former ainsi, indépendamment des idiomes étrangers, des ressources inconnues pour étudier toutes les autres langues et pour s'approprier les éléments de toutes les sciences ; n'est-il pas évident que le grand problème de la Langue universelle sera dès-lors à peu près résolu.

Que manquera-t-il encore à sa solution lorsque tous les peuples conviendront qu'un système théorique du langage leur assure des profits sans nombre dans les lettres et dans les sciences? il lui manquera seulement que les peuples s'entendent entre eux sur les conventions à déterminer.

Quelques savants, élus dans quelques pays où les langues sont différentes, réunis en congrès ou en académie, auraient bientôt achevé la partie de cette œuvre qui assurerait la communication universelle de la parole : car les débats, ne s'ouvrant pas sur les matières indéfinies de la pensée humaine, mais sur des systèmes de conventions très-limités et peut-être même trop peu nombreux, toucheront bientôt à leur fin. Les classifications artificielles choisies parmi celles qui s'adaptent à la nomenclature dont l'organe de la parole fixe l'étendue, seront bientôt comptées, mesurées, jugées, rejetées ou adoptées. Bientôt les idées générales seront arrêtées : car il n'est pas de trésors amassés dont on ne puisse dresser l'inventaire, surtout dans les titres généraux, ou les principales catégories.

Cette dernière considération détermine deux obligations nouvelles imposées à l'économie du système proposé pour qu'il puisse servir de modèle à la Langue universelle.

1° Il faut que l'inventaire des idées de rapport (1) reçues dans l'ordre logique de la phrase, puisse se dresser à part, assez complètement pour que tous les peuples y trouvent les rapports indispensables à la vie de la proposition théorique.

Grâce à cette condition salutaire, les idées radicales (2), à mesure qu'elles prendront rang dans l'inventaire qui leur est spécialement attribué, pourront déjà se mettre au service de la parole et jouer leur rôle dans l'intérieur des pensées composées. Dans l'hypothèse où les mêmes formules grammaticales auraient été fixées par le consentement unanime des peuples ou par la majorité de leurs délégués (ce qui ne peut entraîner plus de quatre ou cinq mois

____

(1) Partie grammaticale du mot théorique qui s'analyse, abstraction faite des radicaux.

(2) L'idée radicale est l'idée exprimée par un mot pris en dehors de la proposition et des liens qui l'enchaînent dans la phrase.

de débats), plus de la moitié de la Langue universelle aura été fondée.

2° Il faut que l'inventaire des idées formulées par des radicaux s'établisse de telle sorte que les plus usuelles soient catégorisées les premières, et que les plus délicates, c'est-à-dire celles qui commandent des soins et une attention toute particulière , soient réservées pour des époques dont l'avenir permettra de disposer.

Cette importante condition assurera l'existence d'un système : car le cadre considérable embrassé par la théorie des radicaux, à savoir la nomenclature de toutes les sciences , découragerait à bon droit les esprits les plus entreprenants et justifierait l'inertie de ceux qui sont , dès aujourd'hui , effrayés par la masse des idées qu'il faudrait agiter. Au contraire , une fois revêtues d'une formule commune chez tous les peuples, les idées usuelles, réunies aux formes grammaticales préalablement inventoriées, introduiraient immédiatement la Langue universelle dans le langage familier (1) et le plus pratique.

Coup d'œil sur le Cours complet de Langue universelle et sur les applications de cette théorie aux sciences et aux lettres.

L'auteur, avant de mettre au jour son ouvrage, s'est assuré qu'il répondait à toutes les conditions énumérées ci-dessus.

Ainsi :

(1) Bien des gens dans la campagne et dans les villes n'ont qu'un nombre limité de mots à leur service, et cependant font entendre leurs idées : ces mots prennent pour eux une signification générale qui se plie à toutes les circonstances. Au lieu d'employer les mots *amour, amitié, tendresse, goût pour, affection*, etc.; ils disent *aimer* sa femme, *aimer* ses enfants, *aimer* le pain ou la viande, *aimer* un bienfaiteur, *aimer* le soleil qui se lève, etc.; le mot *prendre* remplacera pour eux les mots *saisir, empoigner, tenir*, etc. Quelquefois cette pauvreté d'expression rend leur langage embarrassé, d'autres fois plus pittoresque; mais dans aucun cas elle ne s'oppose à la communication de la pensée.

Il ne demande pas, loin de là, l'abolition des langues parlées sur la surface du globe ;

Il n'a pas la prétention de créer la Langue universelle ;

Il base son système sur des considérations qui ne sont pas philosophiques, si l'on entend par ce mot autre chose que l'ordre et la méthode.

Au lieu de cela :

Il demande à tous les peuples de conserver et d'étudier soigneusement la langue qu'ils parlent ;

Il demande que des savants réunis en Congrès ou Académie universelle se pénètrent des principes qui constituent la THÉORIE DU LANGAGE, et créent eux-mêmes cette Langue universelle qui est une des conséquences de cette grande théorie ;

Il demande qu'on mette l'ordre où il n'y a que désordre ; méthode où il y a un laisser aller, né du caprice si dangereux de l'usage irréfléchi.

Il a présenté quelque chose de *complet* afin de prouver, par un fait irrécusable, la possibilité de mettre à jour les deux inventaires des idées : celui des idées grammaticales et celui des idées radicales.

De cette double source ont découlé tout naturellement et la langue universelle, et ces avantages si considérables que la théorie du langage devait révéler.

Il n'a pas dû tout d'abord s'occuper du jugement que l'on porterait sur son œuvre ; il en a posé carrément les fondements ; il a élevé son édifice sans regarder devant et derrière lui ceux qui en seraient les partisans ou les adversaires ; il n'a voulu voir devant, derrière et autour de lui que la vérité ; il connaissait les préjugés qu'il aurait à combattre, puisqu'il les avait étudiés chez lui même avant de prendre la plume ; il a réservé pour le couronnement de l'œuvre la lutte qu'il devait engager contre ces préjugés.

Voici désormais un modèle placé sous les yeux de tous ; ses rouages, depuis le plus simple jusqu'au plus compliqué, depuis le plus actif jusqu'au plus indifférent, sont à découvert ; il fonctionne des jours entiers, tant sont nombreuses les transformations contenues dans les quatre volumes.

Quoiqu'il ne soit qu'un specimen, bien imparfait sans doute, de ce que composeront des savants et des lettrés ; cependant, comme il a au moins la qualité d'être achevé, il pourrait à la rigueur suffire momentanément ou à un seul peuple s'appropriant la théorie du langage, ou à tous les peuples acceptant aveuglément une langue universelle.

Mais son sort, l'auteur ne lui en souhaite pas d'autre, est de prouver par un fait éclatant que la Langue universelle est AISÉMENT réalisable ; que celle-ci va se faire jour tout prochainement, enchaînée qu'elle est à une série d'avantages devant lesquels savants et lettrés ne sauraient plus reculer. Son sort sera d'éclairer les sentiers par lesquels une académie formée des délégués de tous les idiomes s'avancera à la recherche de la théorie du langage, et sur lesquels elle construira le grand monument si impatiemment attendu.

C'est en feuilletant cet ouvrage avec intelligence qu'on verra s'il mérite cette mission.

Or, la lecture intelligente réclamée pour lui est tracée par les idées générales déposées dans les pages précédentes.

AVANT DE LUI DEMANDER S'IL FONDE RÉELLEMENT UNE LANGUE UNIVERSELLE, IL FAUT CONSULTER LES DEUX VOLUMES D'APPLICATIONS.

Vous, savants, ouvrez le volume des *Applications aux sciences :* choisissez de préférence les sciences qui sont dans vos attributions, et dites si vous n'auriez pas été initié trois et quatre fois plus vite dans ces grandes branches de nos connaissances avec de semblables nomenclatures. Habitués que vous êtes à déplorer l'insuffisance de votre mémoire quand vous poursuivez les déductions cachées dans les profondeurs de vos principes, dites si vous n'auriez pas, à l'aide de cette analyse si nettement figurée dans sa synthèse, poussé vos études de prédilection au-delà des limites vagues où elles sont contraintes de s'arrêter aujourd'hui. Ne bornez pas là votre recherche : feuilletez encore les sciences qui vous sont moins familières, les problèmes administratifs, etc., et demandez-vous si ces questions, d'une importance incontestable, ne sont pas complètement et facilement élucidées par la théorie du langage.

Vous, littérateurs, ouvrez le volume des *Applications aux lettres* :
examinez si le mot pratique, transformé dans sa synthèse théorique,
ne donnera pas à vos pensées une précision, une étendue, une ri-
chesse que la langue pratique ne saurait vous procurer (1) ; si l'analyse grammaticale de votre langue maternelle, analyse dont l'oubli
vous a quelquefois été préjudiciable, ne se gravera pas d'une manière ineffaçable dans vos souvenirs ; si la synonymie des termes
dont vous vous servez ne s'élèvera pas un degré de certitude trop
longtemps inconnu ; si la traduction des auteurs étrangers à votre
idiome ne s'offrira pas avec toute la sincérité de l'interprétation ;
si toutes les littératures ne seront pas connues par le fait seul de la
transformation effectuée d'abord sur la langue maternelle et bientôt
sur toutes les langues mortes ou vivantes ; si l'étude d'une langue
quelconque ne sera pas abrégée de moitié par l'intervention du mot
théorique.

Vous, administrateurs, statisticiens, amis des progrès moraux et
politiques, hommes du monde, choisissez dans ces deux volumes
les applications qui sont moins étrangères à vos études premières ;
dans les applications aux sciences, lisez ce qui vous intéressera le
plus dans la nomenclature arithmétique et dans les chapitres II et III
de ce volume ; dans les applications aux lettres, rendez-vous compte
des avantages que la production de la pensée et la traduction des
auteurs peuvent vous procurer.

Si, les uns ou les autres, vous n'avez pas reconnu de nouvelles
ressources intellectuelles dont la société ne saurait désormais se
priver, ne poursuivez pas l'examen de l'ouvrage ; fût-il d'ailleurs
merveilleusement conçu pour servir de patron à une Langue universelle, puisqu'il ne réaliserait que ce programme, ce sera une

---

(1) On ne saurait trop répéter au littérateur que la transformation du mot pratique dans sa formule théorique ne change rien à la grâce, ni à tous les pres-
tiges des œuvres d'imagination. Excepté dans la succession des sons, la phrase
conserve ses allures vives ou graves, légères ou solennelles, molles ou sévères,
telles enfin que la pensée de l'écrivain les a conçues et que sa plume les a
dessinées.

œuvre d'avenir réservée peut-être aux hommes spéciaux qui traiteront cette haute question ; mais il ne peut prétendre avancer l'heure de la réalisation.

Mais si vous avez reconnu dans ces applications les signes manifestes d'une théorie dont la parole humaine a ressenti depuis trop longtemps l'absence ; si vous admettez que cette théorie doive inaugurer une ère de progrès pour le langage et pour toutes les connaissances qui en subissent la loi ; alors lisez attentivement le chapitre VI du volume des *Applications aux lettres*, construisez vous-mêmes l'édifice de l'instruction publique ou privée sur le cadre à peine esquissé par l'auteur ; réclamez pour la génération qui s'élève moins d'efforts de mémoire, moins d'études superficielles et plus de ces travaux qui exercent l'intelligence et pénétrent au fond des questions ; prouvez, c'est votre devoir, que la théorie du langage double et triple les connaissances qu'on peut inculquer à la jeunesse, en même temps qu'elle les rend plus profondes ; montrez aux ignorants ou aux incrédules de parti pris que la grande fusion des lettres et des sciences peut ainsi s'opérer sans secousse pour le cercle des études scolaires, comme pour celui des travaux accomplis dans la société !

C'est alors seulement que, dans le volume des *Applications aux lettres*, vous pourrez aborder utilement le chapitre VII; car c'est alors que le SYSTÈME D'UNE LANGUE UNIVERSELLE apparaîtra sous son véritable jour.

Non, la THÉORIE DU LANGAGE n'implique pas nécessairement l'établissement de la LANGUE UNIVERSELLE ; chaque nation peut soumettre sa langue au contrôle du principe théorique et transformer le mot pratique sous l'expression formulaire qui semble plus appropriée à son usage ; mais puisque, par une circonstance qu'on peut appeler providentielle, la théorie du langage se montre à l'horizon au moment où l'apparition d'une Langue universelle est l'objet de tous les vœux ; puisque, sur des questions d'un ordre bien autrement secondaire, les peuples n'hésitent pas aujourd'hui à dépêcher vers quelque centre commun les représentants de leurs idées, pourquoi ne régleraient-ils pas entre eux, et avec l'accord d'une majorité imposante, les éléments de cette théorie grosse de tant d'avenir et portant outre cela, dans sa ceinture, le gage de leur union mutuelle.

Que le lecteur parvenu à ce degré de son étude parcoure désormais, s'il le juge à propos, les *deux volumes du Cours complet* (grammaticaux et radicaux); qu'il se rende compte des principes sur lesquels le système a été fondé; qu'il juge si ce travail mérite de servir de base à ceux dont les délégués des peuples seront officiellement chargés; mais qu'il n'oublie pas que les imperfections, les lacunes, les irrégularités ou les fautes graves n'infirment en rien les hautes conséquences de la théorie du langage; que celle-ci, entre les mains d'un interprète plus habile, est inattaquable pour ses principes féconds et pour ses riches déductions.

Ainsi, pour terminer par ce résumé :

Dans cet ouvrage, la THÉORIE DU LANGAGE est révélée par la lumière éclatante de ses applications; elle est présentée conjointement avec la plus haute de ses conséquences, parce qu'elle réalise le vœu le plus ardent de l'humanité; elle offre à la première nation qui la reconnaîtra un avenir tout nouveau pour les sciences et pour les lettres; enfin, sanctionnée et régularisée dans ses formules par le concours des délégués de quelques peuples, elle assurerait en moins de deux ans, à l'humanité, le grand bienfait de la LANGUE UNIVERSELLE.

273.—Caen, typ. E. de Laporte.

OUVRAGES DU MÊME AUTEUR

Langue universelle.—*Première partie.*—GRAMMAIRE.

—*Deuxième partie.*—RADICAUX.

Application aux Sciences de la Théorie du langage qui donne naissance à la Langue universelle.

Application aux Lettres de la Théorie du langage qui donne naissance à la Langue universelle.

(Les deux derniers volumes peuvent se vendre séparément.)

OUVRAGES TERMINÉS ET QUI PEUVENT ÊTRE IMMÉDIATEMENT LIVRÉS A L'IMPRESSION

Dictionnaire complet des radicaux de la Langue universelle.—Grand in-folio.

Abrégé du grand Dictionnaire, pouvant suffire pour l'intelligence presque toutes les transformations.

Sanscrit.— Transformation des quatre livres de l'Hitopedesha : *Mitralabha, Suhridbhéde, Vigrehe, Sendhi.*

Un volume de **Transformations** sur des morceaux choisis dans les littératures HÉBRAÏQUE, GRECQUE et LATINE.

Un volume de **Transformations** sur des morceaux-choisis dans les littératures ALLEMANDE, ANGLAISE et FRANÇAISE.

Un volume de **Transformations** sur des morceaux choisis dans les autres littératures.

Le nombre des morceaux transformés dans ces volumes sera suffisant pour faire parvenir à la connaissance complète de la langue qu'on étudiera.

Application de la théorie de la Langue universelle à l'analyse grammaticale des écoles primaires.

Application de la théorie de la Langue universelle à la numération parlée, résolvant les problèmes les plus difficiles sur le calcul de mémoire.

274.—Caen —Imp. B. de Laporte.

9 782329 462608